IVp

1543

LE PASSE
PAR TOVT DES
PONTS-BRETONS.

Corrigé & augmenté de toutes les plus belles pieces.

M. DC. XXIIII.

C.

Monsieur de Pont-Breton
Tes fievres cartaines,
Monsieur de Pretentaines
Aura du baston
Si plus il amerne
Monsieur de Pont-Breton.

Madame de Conty
Toute la nuict pleure,
Parce qu'elle demeure
Sur son appetit,
Et pour sa mesure
Tout est trop petit.

La belle Chalais
Loge dans le Louure,
Et si elle se couure
De son grand nizez,
Et si on la fout
Dedans les Balais.

Madame Hazeron
Nous met fort en peine,
L'on dit chez la Reyne
Qu'elle n'a point de con,
Ostez nous de peine,
Monstrez le nous don.

Le Comte de Bréne
Ayme la Connestable,
Il luy faut à table
Du ius de Mouton,
Il a le vit roide
Comme vn gros baston.

Monsieur d'Espernon
Ne craint vers ny prose,
Il dit qu'on ne l'ose
Mettre au Pont-Breton,
Qu'on tient bouche close
De peur des Simons.

Crequy toſt ou tard
Dira s'il eſchape
La chanſon au Pape
De Montelimard,
Pourueu qu'il attrape
L'argent du Vieillard.

C'eſt le beau Margone
Qui n'eſt plus gaillard
Sa femme beſongne
Prés le Parc Royal,
Il a bonne trongne
Et n'a pas le liart.

La Rochefaucault
Diſtribuë l'aumoſne
D'argent grande ſomme,
Mais il n'eſt ſi ſot
Qu'il ne ſe la donne
D'vn franc cœur, non cau'.

Chalais marié
Portera les cornes
Au Balet du Roy,
On l'a faict cocu,
On a prins sa femme
A deux doigts du cu.

Plessy Chastillon
Tu és inutile,
N'estoit la Vieuville
Nous te renuoyrions,
Et les belles femmes
Qui prestent le con.

Monsieur de Montbazon
Est mieux en haleine
Que le gros Modene,
Et que sainct Brisson,
Ses grosses bedaines
Ne font rien de bon.

La Depisieux
Faict la Reyne Gillette,
Elle est bien coquette
Son mary le sçait bien,
Il a des lunettes,
Et si n'en void rien.

La Montmorency
Reyne des Anguille
Elle est bien gentille,
Mais en sa façon,
Elle se fretille
Comme vne guenon.

L'Archeuesque de Paris
Grand falot de France
Sa moustache auance
Droit en Paradis,
Car sa Concordance
Luy a bien apris.

La pauure Neuuy,
Le vieux dromadaire
Qui prend des cliſtaires
Pour ſe raieunir,
Et tombe en arriere
Pour ſe reſiouyr.

madame Fedeau
N'eſt plus couratiere,
Car elle s'eſt vangee
De madame Aubry
Qui luy auoit rauy
Son ſecond mary.

Sainɛt Luc amoureux
De toutes les femmes
Iuſqu'aux plus infames
Leur fait les doux yeux,
Et toutes enſemble
Diſent qu'il eſt vieux.

madame

Madame de Sully
Sera la bien venuë,
Car la Cour est nuë
De femmes de bien,
Elle estoit perduë
Sans vostre maintien.

La docte du Val
A toute la mine
D'auoir la doctrine
Et son con assez grand
Et d'estre assez fine
Pour aller cultant.

La petete Choisy
Ayme bien la vite
Et non point la suitte
De ces Courtisans
Mais bien la Noblesse
De Monsieur Morant.

B

MONſieur de Grandmont
Prouenu de Baſque
Son humeur fantaſque
Paſſe les DEMONS,
Il luy faut faire vn maſque
DE peau de iambon.

Madame Maugiron
Ne vaut pas la peine
Qu'vn homme l'enguaine
Si ce n'eſt Charron
S'il n'y gaigne rien
I'eſtime ſon con

MONſieur de Chalais
A mauuaiſe lame
Tant pour les femmes
Que pour les duels,
Il eſt fort infame
Et parle en laquais.

Mata touſiours pleure
Eſtant chez la Reyne,
Elle eſt ſi vilaine,
Que le perroquet
Sentant ſon haleine
En perd le caquet.

Madame de Teſme
Le fard vous diffame
Vous eſtes infame,
Sans que ce poiſon
Augmente le blaſme
De voſtre maiſon.

Challais le bouffon
Met touſiours en garde
Auec vne hallebarde
Le petit Grandmont,
Sa femme le garde
Pour vn beau garçon.

Madame d'Angoulesme
La Royne des Dames
Chasse les infames
Hors de sa maison,
Et les belles Dames
Bien venuës elles sont.

La marquise de Rosny
A l'haleine puante,
Sa bouche & sa fente
Font éuanouyr,
Et veut qu'on la foute
Pour la resiouyr.

Monsieur de Garais
A fort bonne mine,
La belle Cyprine
Le tient en ses rais,
Mais elle est trop fine
Luy cassant du grés.

On est bien marry
Dequoy la Princesse
Ne reçoit carresse
Que de son mary,
Beaucoup elle en blesse,
Mais peu en guerit.

Quittez là les cons
Dame de Longueuille,
Laissez là les filles
Aymez les garçons,
Le doigt qui fretille
Ne fait rien de bon.

Cheureuse est dupé,
Sa femme l'affine,
Il fait bonne mine,
Mais il s'est vanté
Que durant de Luyne
Il en a tasté.

Ie vous dis adieu
Putains de renom,
Prestez vostre con
Le but du milieu,
Car au Pont-Breton
Vostre nom a lieu.

STANCE SATIRI-
QVE AV ROY.

CHasser vn Charlatan,
Qui tout le monde affronte
Banir vn fol malin,
Cause de nos malheurs,
Abolir vn bordel
Et chasser des voleurs,
Et oster du Conseil
Les traistres auec honte,
Ce sont œuures de maistre,

Et de Pere & de Roy,
Qui soulage son peuple,
Et fait regner sa Loy.

Mais pour vn Charlatan,
Et vn fol plein d'audace
En mettre vn plus bizarre,
Et beaucoup plus quinteux
Pour des voleurs remplir
Vn qui volle mieux qu'eux,
Et qui fera porter
Aux François la besace,
Sire, ce sont conseils
Ou d'vn homme qui dort,
Ou qui veillant conduit
Vostre France à la mort.

Y pense qui voudra
Les Censeurs moins Critiques,
Et ceux qu'on sçait auoir
Les sens moins assoupis,

Difent qu'au lieu de mieux
Tout va de pis en pis,
Ses pas de Clers perdans
Les affaires publiques.

De là, Sire, on perdit
La perte de l'Eftat,
Conduit par vn voleur,
Vn Charlatan, vn fat,
Bon Dieu que la Vieuille
Eft heureux Caualier,
Il a en peu de temps
Rendu fa bourfe pleine,
Et pour la tranfporter
Chez luy à moins de peine,
Le Roy luy a donné
Vn bon & fort malier.

F I N.